STEP-BY-STEP
Cocktails

STEP-BY-STEP
Cocktails
Schritt für Schritt zum perfekten Cocktail

LOVE FOOD™

Love Food ® is an imprint of Parragon Books Ltd

Layout: Talking Design
Einleitung: Paul Martin
Lektorat: Fiona Biggs

Parragon Books Ltd
Queen Street House
4 Queen Street
Bath BA1 1HE, UK

Realisation der deutschen Ausgabe: trans texas publishing, Köln
Übersetzung: Jens Bommel, Kaufering

ISBN 978-1-4454-9717-4
Printed in China

Hinweis
Sofern die Schale von Zitrusfrüchten benötigt wird, verwenden Sie unbedingt unbehandelte Früchte.
Sind Zutaten in Löffeln angegeben, ist immer ein gestrichener Löffel gemeint: Ein Teelöffel entspricht 5 ml, ein Esslöffel 15 ml.
Sofern nicht anders angegeben, wird Vollmilch (3,5% Fett) verwendet.
Es sollte stets frisch gemahlener schwarzer Pfeffer verwendet werden.
Bei Eiern und einzelnen Gemüsesorten verwenden Sie mittelgroße Exemplare.
Kinder, ältere Menschen, Schwangere, Kranke und Rekonvaleszenten sollten auf Drinks mit rohen Eiern verzichten.
Die angegebenen Zeiten können von den tatsächlichen leicht abweichen.

Inhalt

Einleitung

Dieses anschauliche Buch mit seinen herrlichen Rezepten und ansprechenden Fotografien wird schnell zum unersetzlichen Begleiter für jeden Barkeeper. Die umfangreiche Rezeptsammlung enthält tolle Partycocktails, klassische Short- und Longdrinks sowie elegante Aperitifs und Digestifs für Ihre Gäste. Alle Rezepte sind einfach und verständlich beschrieben, sodass Ihnen jeder Cocktail garantiert gelingt.

Cocktails sind aus unserem Leben nicht mehr wegzudenken. Darum aber, wie sie entstanden sind und wie es überhaupt zu dem Begriff „Cocktail" – wörtlich übersetzt „Hahnenschwanz" – gekommen ist, ranken sich viele Legenden und Geschichten. Eine davon lautet folgendermaßen: Während des amerikanischen Unabhängigkeitskrieges fanden sich regelmäßig amerikanische und französische Soldaten in Betsys Taverne ein, wo sie das ein oder andere Glas eines alkoholhaltigen Eigengebräus namens „Betsy's Bracer" tranken. Eines Abends, während eines wilden Trinkgelages, klaute ein amerikanischer Soldat ein paar Hähne vom Nachbargrundstück. Nachdem er zurückgekommen war, stieß er angeblich mit den Worten „Auf dieses herrliche Getränk, das dem Gaumen ebenso viel Freude bereitet wie ein Hahnenschwanz dem Auge" mit seinen Freunden an. Ein französischer Offizier soll darauf „Vive le cock tail!" ausgerufen haben – und der Begriff „Cocktail" war geboren.

Cocktails waren von Anfang an immer dem Zeitgeist unterworfen. Dies geschah zum Teil aus rein praktischen Gründen während der amerikanischen Prohibition in den 1930er-Jahren, um den unangenehmen Geschmack des selbst gebrannten Fusels zu überdecken. Darüber hinaus gab es aber auch die schlichten, eleganten Cocktails, die nicht zuletzt durch Filmstars zu Klassikern wurden, sowie die bunten, schrillen Kreationen der 1980er-Jahre bis hin zu den heutigen Cocktailtrends.

Zur Verwendung dieses Buches

Bei der Kunst des Cocktailzubereitens sind einige einfache Regeln zu beachten. Wer sie beherzigt, kann eigentlich nichts falsch machen. Dieses Buch macht Sie zunächst mit grundsätzlichen Regeln vertraut, die Sie bei den vorgestellten Rezepte anwenden können. Lesen Sie daher erst die folgende Einführung zu den wichtigsten Begriffen und Techniken aufmerksam durch, bevor Sie sich an die Praxis wagen. So ist Ihnen der Erfolg garantiert.

Mixtechniken

Cocktails zubereiten ist keine Zauberei, aber es erfordert vom Cocktailmixer etwas Geschick und Erfahrung. Schließlich besteht das Mischen eines Cocktails nicht einfach nur darin, die Zutaten in ein Glas zu schütten und umzurühren. Je besser die Mischung und die Technik ist, desto besser ist auch die Qualität des Drinks. Im Folgenden stellen wir Ihnen die gängigsten Mixtechniken vor, die Sie für die Rezepte in diesem Buch kennen sollten.

> **Schütteln:** Dabei werden alle Zutaten mit etwas Eis in einen Shaker gegeben und etwa 5 Sekunden kräftig geschüttelt. Der Sinn ist dabei, die Zutaten schnell zu mischen, zu kühlen und Luft unterzumischen. Die Außenwand des Shakers ist nach dem Schütteln leicht beschlagen.

>1>2>3

>1 >2 >3

Durch das Schütteln werden die Cocktailzutaten sehr gründlich vermischt. Dies ist notwendig und gewollt und verleiht geschüttelten Cocktails die nötige Ausgewogenheit zwischen Geschmack, Alkoholgehalt und Temperatur.

Zudem lassen sich durch Schütteln bestimmte Zutaten, wie zum Beispiel Eiweiß, besser binden als bei einer weniger kraftvollen Mixtechnik.

> **Rühren:** Bei dieser Technik werden ebenfalls alle Zutaten mit Eis gemischt, allerdings werden sie in einem Mischglas oder einem kleinen Krug mit einem langstieligen Barlöffel nur kurz umgerührt.
> Wie beim Schütteln werden die Zutaten dabei gemischt und gekühlt. Allerdings schmilzt dabei weniger Eis, sodass der Drink nicht so stark verdünnt wird. Diese einfache Technik wird für sehr viele Drinks, wie den klassischen Dry Martini, angewendet.

> **Aufgießen:** Dabei werden die Zutaten einfach nacheinander in ein Glas gegossen, wie z. B. bei Gin Tonic. Wichtig ist aber, die im Rezept angegebene Reihenfolge einzuhalten. Dies kann sich auf den Geschmack des Cocktails auswirken.

> **Zerdrücken:** Dabei werden Zutaten gepresst, um Saft oder ätherische Öle aus Fruchtfleisch, Zitrusschalen, Kräutern und Gewürzen zu lösen. Dafür eignet sich am besten ein einfacher Cocktailstößel aus Holz, mit dem man die Zutat gut zerdrücken kann. Alternativ kann eine Teigrolle aus Holz verwendet werden.

> **Mixen:** Wie der Name schon andeutet, werden bei dieser Technik die Zutaten in einem Mixer zerkleinert und gemischt. Angestrebtes Ziel ist meist eine samtige Textur. Dafür werden die Zutaten – darunter häufig frische Früchte – üblicherweise mit etwas zermahlenem Eis verarbeitet.

>4>5>6

> **Schichten:** Bei dieser Technik muss die Reihenfolge der Zutaten genau befolgt werden. Schwerere Zutaten kommen zuerst ins Glas. Die erste Schicht sollte in die Mitte des Glases und möglichst nicht am Glasrand eingegossen werden. Für die zweite Schicht wird ein Teelöffel ungedreht über das Glas gehalten, wobei die Löffelspitze die Glaswand berührt. Nun wird die Zutat langsam über den Löffelrücken ins Glas gegossen (den Löffel beim Eingießen nach oben bewegen). Dieser Vorgang wird mit den weiteren Flüssigkeiten – jedes Mal mit einem sauberen Löffel – wiederholt.

Das richtige Eis

Eis ist ein großes Kapitel in der Welt der Cocktails. Das richtige Eis ist die Basis für einen gelungenen Cocktail, das falsche Eis macht aus jedem tollen Cocktail ein mittelmäßiges Getränk.

Eis erfüllt zwei Funktionen: Beim Mischen kühlt und vermengt es die Zutaten. Außerdem hält es den Drink kühl, nachdem er serviert wurde. In den folgenden Rezepten werden drei Arten von Eis verwendet. Jede hat bestimmte Eigenschaften, die für die Zubereitungsart des Cocktails und seine Aromen von Vorteil sind.

> **Eiswürfel:** Sie werden meist für das Finish eines Cocktails verwendet. Je mehr Eiswürfel im Glas sind, desto kälter bleibt der Drink, desto langsamer schmilzt das Eis und desto weniger wird der Cocktail verdünnt. Eiswürfel können ganz einfach zu Hause im Gefrierfach mit speziellen Gefrierbeuteln oder Eiswürfelformen hergestellt werden. Die ideale Würfelgroße für die meisten Cocktails beträgt etwa 2 cm Kantenlänge. Eiswürfel können je nach Bedarf auch zerstoßen oder zermahlen werden.

> **Gestoßenes Eis:** Es ist kleiner als Eiswürfel und wird in der Regel im Shaker zum Abkühlen der flüssigen Zutaten vor dem Abseihen verwendet. Um aus ganzen Eiswürfeln zerstoßenes Eis – auch „cracked ice" genannt – herzustellen, schlagen Sie die Würfel in ein sauberes Tuch und zerkleinern Sie sie mit einer Teigrolle oder einem anderen schweren Gerät. Gestoßenes Eis sollte nicht kleiner als ein halber Eiswürfel sein.

> **Zermahlenes Eis/Crushed Ice:** Diese Art von Eis ist perfekt für gemixte Getränke, da es die Mischung schnell herunterkühlt. In einigen Getränken empfiehlt sich gestoßenes oder zermahlenes Eis, weil das Glas so mit mehr Eis gefüllt werden kann (bei den größeren Eiswürfeln bleiben zu viele Zwischenräume). Um zermahlenes Eis aus Eiswürfeln herzustellen, schlagen Sie die Würfel in ein Tuch und klopfen Sie sie mit einer Teigrolle oder einem anderen schweren und stabilen Gerät in sehr kleine feste Stücke.

>1 >2 >3

Auswahl der Gläser

Die Wahl des richtigen Glases ist bei Cocktails ein häufig unterschätzter Aspekt. Für viele Barkeeper ist das Glas sogar ebenso wichtig wie die Zutaten selbst. Form, Stil und Größe des Glases haben einen großen Einfluss auf den Cocktail. Nicht von ungefähr verbindet man mit so manchem Cocktail sofort auch eine spezielle Glasform, zum Beispiel beim Cosmopolitan, bei dem das schicke, aber schlichte Martiniglas quasi zum Synonym geworden ist, oder beim Long Island Iced Tea, der nur in einem hohen, mit Eis gefüllten Glas serviert werden darf.

Einen Cocktail also im falschen Glas zu servieren, kann durchaus von der Präsentation und vom Genuss ablenken. Aus diesem Grund empfehlen wir zu jedem Rezept eine bestimmte Glasform. Schließlich soll Ihr Cocktail nicht nur ein geschmacklicher, sondern auch optischer Genuss sein.

Garnierung

Bei manchem Cocktail ist die Dekoration mit dem Getränk untrennbar verbunden. Denken Sie nur an die obligatorische Ananasscheibe oder das bunte Papierschirmchen bei einer Piña Colada. Garnierungen sind also oft ein wesentlicher Bestandteil des Cocktails, mindestens ebenso häufig aber auch „nur" etwas fürs Auge.

Auch bei der Garnierung eines Cocktails gibt es einige Grundregeln. Letztendlich aber bleibt die Art, wie Sie einen Cocktail dekorieren, Ihrer Fantasie und Ihrem Geschmack überlassen. Die wichtigste und einfachste Regel ist, die Garnierung den Hauptaromen des Drinks anzupassen. Für die Cocktails in diesem Band schlagen wir einige schlichte Garnierungen vor, aber wenn Sie Freude daran haben, lassen Sie Ihrer eigenen Kreativität freien Lauf.

Genießen Sie Ihre Cocktails – aber in Maßen! Erhöhter Alkoholkonsum kann zu ernsthaften gesundheitlichen Schäden führen. Folgen Sie den Rezepten, perfektionieren Sie altbewährte Mischmethoden und experimentieren Sie mit neuen Zutaten. Mit dem richtigen Glas und der passenden Garnierung steht Ihrem perfekten Cocktailvergnügen nichts mehr im Wege.

Paul Martin ist ein vielfach ausgezeichneter Cocktailexperte, Autor zahlreicher Cocktailbücher und zweifacher Guinness-Buch-Rekordhalter (in einer Stunde hat er 196 verschiedene Cocktails gemischt). Seit über zehn Jahren gilt er als einer der führenden Ideengeber für die Getränkeindustrie und gibt Cocktailkurse für zahlreiche Getränkemarken. Als Cocktailfachmann ist er regelmäßig im britischen Fernsehen zu sehen.

>4>5>6

Klassische Cocktails

Martini

Für 1 Person

Zutaten
gestoßene Eiswürfel
6 cl Gin
1 TL trockener Wermut (oder nach Geschmack)
1 Cocktailolive, zum Dekorieren

>1 Das Eis in ein Rührglas geben.

>2 Gin und Wermut über die Eiswürfel gießen

>3 Kräftig schütteln und in ein gekühltes Cocktailglas abseihen.

>4 Mit der Olive dekorieren.

Sofort servieren.

Margarita

Für 1 Person

Zutaten

2 Limettenspalten
grobes Salz
6 cl weißer Tequila
2 cl Triple Sec oder
Cointreau
4 cl Limettensaft
gestoßene Eiswürfel

>1 Den Rand eines gekühlten Cocktailglases mit einer Limettenspalte befeuchten.

>2 Das Glas in grobes Salz tauchen.

>3 Tequila, Triple Sec und Limettensaft mit gestoßenem Eis in einen Shaker geben und kräftig schütteln. In das vorbereitete Glas abseihen.

>4 Mit der übrig gebliebenen Limettenspalte dekorieren.

Sofort servieren.

Club Mojito

Für 1 Person

Zutaten
1 TL Zuckersirup
einige Minzeblätter
Saft von ½ Limette
Eis
4 cl Jamaica Rum
oder weißer Rum
Sodawasser
1 Spritzer Angostura

>1 Sirup, Minzeblätter und Limettensaft in ein Lowball-Glas geben.

>2 Die Minzeblätter zerdrücken, dann Eis und Rum dazugießen.

>3 Nach Geschmack mit Sodawasser auffüllen.

>4 Einen Spritzer Angostura darübergeben und mit den restlichen Minzeblättern dekorieren.

Sofort servieren.

Bellini

Für 1 Person

Zutaten
1 Zitronenspalte
Zucker
2 cl frischer
Pfirsichsaft aus
süßen, saftigen
Pfirsichen
6 cl Champagner,
gekühlt

>1 Für den Zuckerrand ein gekühltes Sektglas zuerst mit der Zitronenspalte befeuchten.

>2 Dann das Glas in Zucker tauchen und trocknen lassen.

>3 Den Pfirsichsaft in das gekühlte Sektglas gießen.

>4 Vorsichtig mit Champagner auffüllen und langsam umrühren.

Sofort servieren.

Bloody Mary

Für 1 Person

Zutaten

4–6 gestoßene Eiswürfel
1 Spritzer Tabasco
1 Spritzer Worcestersauce
4 cl Wodka
12 cl Tomatensaft
Saft von ½ Zitrone
1 Messerspitze Selleriesalz
1 Messerspitze Cayennepfeffer
1 Stück Stangensellerie mit Blättern und 1 Zitronenscheibe, zum Dekorieren

>1 Das Eis in einen Shaker füllen. Tabasco und Worcestersauce darübergießen.

>2 Wodka und Tomatensaft zufügen.

>3 Den Zitronensaft zugeben und kräftig schütteln.

>4 In ein gekühltes, großes Glas abseihen. Etwas Selleriesalz und Cayennepfeffer darüberstreuen. Mit dem Sellerie und der Zitronenscheibe dekorieren.

Sofort servieren.

Manhattan

Für 1 Person

Zutaten
gestoßene Eiswürfel
1 Spritzer Angostura
6 cl Rye Whisky
2 cl süßer Wermut
1 Cocktailkirsche,
zum Dekorieren

>1 Das Eis in einen Shaker füllen.

>2 Die flüssigen Zutaten darübergießen.

>3 Kräftig schütteln.

>4 In ein gekühltes Glas abseihen und mit der Kirsche dekorieren.

Sofort servieren.

Cosmopolitan

Für 1 Person

Zutaten
4–6 gestoßene Eiswürfel
2 cl Wodka
1 cl Cointreau
1 cl Cranberrysaft
1 cl Limettensaft
Oranschalenspirale, zum Dekorieren

>1 Das Eis in einen Shaker füllen.

>2 Die flüssigen Zutaten darübergießen.

>3 Kräftig schütteln.

>4 In ein gekühltes Glas abseihen und mit der Orangenspirale dekorieren.

Sofort servieren.

Long Island Iced Tea

Für 1 Person

Zutaten
gestoßene Eiswürfel
4 cl Wodka
2 cl Gin
2 cl weißer Tequila
2 cl weißer Rum
1 cl weißer Crème de Menthe
4 cl Zitronensaft
1 TL Zuckersirup
Cola
1 Limettenspalte, zum Dekorieren

>1 Wodka, Gin, Tequila, Rum, Crème de Menthe, Zitronensaft und Zuckersirup mit 4–6 Eiswürfeln in einen Shaker geben und kräftig schütteln.

>2 Den Cocktail in ein zur Hälfte mit Eis gefülltes Collins-Glas abseihen.

>3 Mit Cola auffüllen.

>4 Mit der Limettenspalte dekorieren.

Sofort servieren.

Sidecar

Für 1 Person

Zutaten
4–6 gestoßene Eiswürfel
4 cl Brandy
2 cl Triple Sec
2 cl Zitronensaft
1 Orange

>1 Das Eis in einen Cocktailshaker geben. Brandy, Triple Sec und Zitronensaft darübergießen.

>2 Alles kräftig schütteln.

>3 Von der Orange eine Spirale abschneiden.

>4 In ein gekühltes Glas abseihen und mit der Orangenschalenspirale dekorieren.

Sofort servieren.

Singapore Sling

Für 1 Person

Zutaten
gestoßene Eiswürfel
4 cl Gin
2 cl Cherry Brandy
1 TL Grenadine
Sodawasser
Limettenschalen-spirale und Cocktailkirschen, zum Dekorieren

>1 4–6 Eiswürfel in einen Shaker füllen.

>2 Gin, Cherry Brandy und Grenadine zufügen und kräftig schütteln.

>3 Ein gekühltes Longdrink-Glas zur Hälfte mit gestoßenen Eiswürfeln füllen und den Cocktail darüber abseihen.

>4 Mit Sodawasser auffüllen und mit der Limettenschalenspirale und den Kirschen dekorieren.

Sofort servieren.

Old-fashioned

Für 1 Person

Zutaten
1 Zuckerwürfel
1 Spritzer Angostura
1 TL Wasser
4 cl Bourbon oder Rye Whisky
4–6 gestoßene Eiswürfel
1 Zitronenschalenspirale, zum Dekorieren

>1 Den Zuckerwürfel in ein kleines, gekühltes Old-Fashioned- oder Whiskyglas geben.

>2 Angostura und Wasser zufügen. Zucker mit einem Löffel zerdrücken, bis er sich aufgelöst hat.

>3 Whisky zugießen und umrühren.

>4 Eiswürfel zufügen und mit der Zitronenschalenspirale dekorieren.

Sofort servieren.

Daiquiri

Für 1 Person

Zutaten
4–6 gestoßene Eiswürfel
4 cl weißer Rum
1½ cl Limettensaft
½ TL Zuckersirup
1 Limettenscheibe, zum Dekorieren

>1 Das Eis in einen Shaker füllen.

>2 Rum, Limettensaft und Zuckersirup zufügen.

>3 Kräftig schütteln.

>4 In ein gekühltes Cocktailglas abseihen und mit der Limettenscheibe dekorieren.

Sofort servieren.

Moscow Mule

Für 1 Person

Zutaten
gestoßene Eiswürfel
4 cl Wodka
2 cl Limettensaft
Ingwerbier
1 Limettenscheibe, zum Dekorieren

>1 4–6 Eiswürfel in einen Shaker füllen.

>2 Wodka und Limettensaft darübergießen und kräftig schütteln.

>3 Ein Longdrink-Glas zur Hälfte mit gestoßenen Eiswürfeln füllen, den Cocktail darüber abseihen.

>4 Mit Ingwerbier auffüllen und mit der Limettenscheibe dekorieren.

Sofort servieren.

Hurricane

Für 1 Person

Zutaten

4–6 gestoßene Eiswürfel
2 cl Zitronensaft
8 cl brauner Rum
4 cl süßer Fruchtsaft (meist Maracuja- oder Orangensaft)
Sodawasser
Orangenscheiben und Kirschen, zum Dekorieren

>1 Das Eis in einen Shaker füllen.

>2 Zitronensaft, Rum und Fruchtsaft darübergießen und alles kräftig schütteln.

>3 Den Cocktail in ein großes, gekühltes Cocktailglas gießen.

>4 Mit Sodawasser auffüllen und mit Orangenscheiben und Kirschen dekorieren.

Sofort servieren.

Zombie

Für 1 Person

Zutaten

4–6 fein gestoßene Eiswürfel
4 cl brauner Rum
4 cl weißer Rum
2 cl goldener Rum
2 cl Triple Sec
2 cl Limettensaft
2 cl Orangensaft
2 cl Ananassaft
2 cl Guavensaft
1 EL Grenadine
1 EL Mandelsirup
1 TL Pernod
frische Minzezweige und Ananasstücke, zum Dekorieren

>1 Das Eis in einen Shaker füllen.

>2 Die flüssigen Zutaten zugeben und alles kräftig schütteln.

>3 Den Cocktail in ein gekühltes Glas füllen.

>4 Mit frischer Minze und Ananasstücken dekorieren.

Sofort servieren.

Tom Collins

Für 1 Person

Zutaten
4–6 gestoßene Eiswürfel
6 cl Gin
4 cl Zitronensaft
1 cl Zuckersirup
Sodawasser
1 Zitronenscheibe, zum Dekorieren

>1 Das Eis in einen Shaker füllen.

>2 Gin, Zitronensaft und Zuckersirup über das Eis geben und alles kräftig schütteln.

>3 In ein gekühltes Collins-Glas abseihen.

>4 Mit Sodawasser auffüllen und mit einer Zitronenscheibe dekorieren.

Sofort servieren.

Woo-woo

Für 1 Person

Zutaten
gestoßene Eiswürfel
8 cl Cranberrysaft
4 cl Wodka
4 cl Pfirsichbrand

>1 Ein gekühltes Cocktailglas zur Hälfte mit gestoßenem Eis füllen.

>2 Den Cranberrysaft zufügen.

>3 Dann Wodka und Pfirsichbrand zugeben.

>4 Gut umrühren.

Sofort servieren.

Harvey Wallbanger

Für 1 Person

Zutaten
gestoßenes Eis
6 cl Wodka
16 cl Orangensaft
2 TL Galliano
1 Kirsche und
1 Orangenscheibe, zum Dekorieren

>1 Ein großes Glas zur Hälfte mit gestoßenem Eis füllen.

>2 Wodka und Orangensaft über das Eis gießen.

>3 Dann den Galliano darübergeben.

>4 Mit Kirsche und Orangenscheibe dekorieren.

Sofort servieren.

Screwdriver

Für 1 Person

Zutaten
gestoßene Eiswürfel
4 cl Wodka
Orangensaft
1 Orangenscheibe,
zum Dekorieren

>1 Ein großes, gekühltes Glas mit Eiswürfeln füllen. Den Wodka darübergießen.

>2 Mit Orangensaft auffüllen.

>3 Gut verrühren.

>4 Mit der Orangenscheibe dekorieren.

Sofort servieren.

Piña Colada

Für 1 Person

Zutaten
4–6 fein gestoßene Eiswürfel
4 cl weißer Rum
2 cl brauner Rum
6 cl Ananassaft
4 cl Kokoscreme
Cocktailkirsche und Ananasstück mit Schale, zum Dekorieren

>1 Die Eiswürfel in einen Mixer geben.

>2 Die beiden Rumsorten, Ananassaft und Kokoscreme darübergießen. Glatt mixen.

>3 Den Cocktail, ohne ihn abzuseihen, in ein großes, gekühltes Glas gießen

>4 Mit Cocktailkirsche und Ananasstück dekorieren.

Sofort servieren.

Caipirinha

Für 1 Person

Zutaten

6 Limettenspalten
2 TL Kristallzucker
6 cl Cachaça
4–6 gestoßene Eiswürfel

>1 Die Limettenspalten in ein gekühltes Lowball-Glas geben.

>2 Den Zucker hinzufügen.

>3 Die Limettenspalten zerstampfen, dann den Cachaça darübergießen

>4 Das Glas mit gestoßenem Eis auffüllen und gut umrühren.

Sofort servieren.

Mai Tai

Für 1 Person

Zutaten
4–6 gestoßene
Eiswürfel
4 cl weißer Rum
4 cl brauner Rum
2 cl Orange Curaçao
2 cl Limettensaft
1 EL Mandelsirup
1 EL Grenadine

Zum Dekorieren
Ananasspalte
Ananasblatt
Cocktailkirsche
Orangenspirale

>1 Das Eis in einen Shaker füllen. Weißen und braunen Rum, Curaçao, Limettensaft, Mandelsirup und Grenadine darübergießen.

>2 Kräftig schütteln und in ein gekühltes Glas abseihen.

Mit der Ananasspalte dekorieren.

Mit Ananasblatt, Cocktailkirsche und Orangenspirale dekorieren.

Sofort servieren.

Mimosa

Für 1 Person

Zutaten
gestoßene Eiswürfel
1 Passionsfrucht
1 cl Orange Curaçao
Champagner, gekühlt
1 Sternfruchtscheibe, zum Dekorieren

>1 Das Eis in einen Shaker füllen.

>2 Das Fruchtfleisch der Passionsfrucht in den Shaker löffeln.

>3 Den Curaçao zufügen und kräftig schütteln.

>4 In ein Sektglas abseihen und mit Champagner auffüllen. Mit der Sternfrucht dekorieren.

Sofort servieren.

Tequila Sunrise

Für 1 Person

Zutaten

4–6 gestoßene Eiswürfel
4 cl weißer Tequila
Orangensaft
2 cl Grenadine
Orangenscheibe und Cocktailkirsche, zum Dekorieren

>1 Das Eis in ein gekühltes Highball-Glas geben. Den Tequila darübergießen.

>2 Das Glas mit Orangensaft auffüllen.

>3 Gut umrühren.

>4 Die Grenadine langsam dazugießen und mit der Orangenscheibe und der Cocktailkirsche dekorieren.

Sofort servieren.

Tequila Slammer

Für 1 Person

Zutaten
2 cl weißer Tequila,
gekühlt
2 cl Zitronensaft
Schaumwein, gekühlt

>1 Den Tequila in ein Glas gekühltes gießen.

>2 Den Zitronensaft hinzufügen.

>3 Mit Schaumwein auffüllen.

>4 Das Glas mit der Hand abdecken und auf den Tisch schlagen.

Sofort servieren.

Cocktails mit Wodka & Gin

Apple Martini

Für 1 Person

Zutaten
4–6 gestoßene Eiswürfel
2 cl Wodka
2 cl saurer Apfelschnaps
2 cl Apfelsaft
1 Apfelscheibe, zum Dekorieren

>1 Das Eis in einen Shaker füllen.

>2 Die flüssigen Zutaten dazugießen.

>3 Kräftig schütteln.

>4 In ein Cocktailglas abseihen und mit der Apfelscheibe dekorieren.

Sofort servieren.

Metropolitan

Für 1 Person

Zutaten

1 EL Feinstzucker
1 Zitronenspalte
1 cl Johannisbeer-Wodka
1 cl Himbeerlikör
1 cl frisch gepresster Zitronensaft
1 cl Cranberrysaft
4–6 gestoßene Eiswürfel

>1 Zucker auf einen Teller geben. Den Rand des Glases mit der Zitrone abreiben.

>2 Das Glas in den Zucker drücken.

>3 Alle flüssigen Zutaten mit dem gestoßenen Eis in einen Shaker geben.

>4 Den Shaker abdecken und 10–20 Sekunden kräftig schütteln. In das vorbereitete Glas abseihen.

Sofort servieren.

Fuzzy Navel

Für 1 Person

Zutaten
4–6 gestoßene Eiswürfel
4 cl Wodka
2 cl Pfirsichbrand
250 ml Orangensaft

>1 Die Eiswürfel in einen Shaker füllen.

>2 Die flüssigen Zutaten über das Eis geben.

>3 Kräftig schütteln.

>4 In ein gekühltes Cocktailglas abseihen.

Sofort servieren.

Aurora Borealis

Für 1 Person

Zutaten
2 cl Grappa oder
Wodka, geeist
2 cl grüner
Chartreuse, geeist
1 cl Orange
Curaçao, geeist
einige Tropfen
Cassis, geeist

>1 Den Grappa über den Rücken eines Löffels an der Seite eines gut gekühlten Shot-Glases langsam hineinlaufen lassen.

>2 Den Chartreuse auf der anderen Seite des Glases herunterlaufen lassen.

>3 Den Curaçao langsam in die Mitte gießen.

>4 Kurz vor dem Servieren einige Tropfen Cassis dazugeben.

Nicht mischen, sondern sofort servieren.

Peartini

Für 1 Person

Zutaten
1 TL Feinstzucker
1 Prise gemahlener Zimt
1 Zitronenviertel
4–6 gestoßene Eiswürfel
2 cl Wodka
2 cl Pear Brandy, z. B. Poire William oder Pera Segnana

>1 Zucker und Zimt auf einem Teller vermischen.

>2 Den Rand des Glases mit der Zitronenscheibe abreiben.

>3 Das Glas in die Zucker-Zimt-Mischung drücken.

>4 Eis, Wodka und Brandy in einem Shaker verrühren und in das vorbereitete Glas abgießen.

Sofort servieren.

Salty dog

Für 1 Person

Zutaten
1 EL Zucker
1 EL grobes Salz
1 Limettenspalte
6–8 gestoßene Eiswürfel
4 cl Wodka
Grapefruitsaft

>1 Zucker und Salz auf einem Teller mischen.

>2 Den Rand eines Glases mit der Limettenspalte befeuchten.

>3 Das Glas in die Zucker-Salz-Mischung tauchen.

>4 Das Glas mit den Eiswürfeln füllen und den Wodka darübergießen. Mit Grapefruitsaft auffüllen und umrühren.

Sofort servieren.

Sex on the Beach

Für 1 Person

Zutaten
Crushed Ice
2 cl Pfirsichlikör
2 cl Wodka
4 cl frisch gepresster Orangensaft
6 cl Cranberry-Pfirsich-Nektar
1 Spritzer Zitronensaft
1 Orangenschalenspirale, zum Dekorieren

>1 4–6 gestoßene Eiswürfel in einen Shaker füllen. Pfirsichlikör, Wodka, Orangensaft und Cranberry-Pfirsich-Nektar zugießen.

>2 Kräftig schütteln.

>3 In ein mit Crushed Ice gefülltes Glas abseihen.

>4 Den Zitronensaft darüberträufeln und mit der Orangenschalenspirale dekorieren.

Sofort servieren.

A Sloe Kiss

Für 1 Person

Zutaten

1 cl Sloe Gin
1 cl Southern Comfort
2 cl Wodka
1 TL Amaretto
gestoßene Eiswürfel
1 Spritzer Galliano
Orangensaft
1 Orangenschalenspirale, zum Dekorieren

>1 Die ersten vier Zutaten mit den Eiswürfeln in einem Shaker kräftig schütteln.

>2 In ein mit Eis gefülltes Longdrink-Glas abseihen.

>3 Den Galliano darüberspritzen

>4 Mit etwas Orangensaft auffüllen und mit der Orangenschalenspirale dekorieren.

Sofort servieren.

Kamikaze

Für 1 Person

Zutaten

4–6 gestoßene Eiswürfel
2 cl Wodka
2 cl Triple Sec
1 cl frisch gepresster Limettensaft
1 cl frisch gepresster Zitronensaft
trockener Weißwein, gekühlt
Gurken- und Limettenscheiben, zum Dekorieren

>1 Das Eis in einen Shaker füllen.

>2 Wodka, Triple Sec, Limettensaft und Zitronensaft zufügen und kräftig schütteln.

>3 In ein gekühltes Glas abseihen.

>4 Mit gekühltem Weißwein auffüllen. Dann mit den Gurken- und Limettenscheiben dekorieren.

Sofort servieren.

Seabreeze

Für 1 Person

Zutaten
4–6 gestoßene Eiswürfel
3 cl Wodka
1 cl Cranberrysaft
rosafarbener Grapefruitsaft

>1 Das Eis in einen Shaker füllen.

>2 Wodka und Cranberrysaft hinzufügen und kräftig schütteln.

>3 In einen gekühlten Tumbler gießen.

>4 Mit rosafarbenem Grapfefruitsaft auffüllen.

Sofort servieren.

Mimi

Für 1 Person

Zutaten
4 cl Wodka
1 cl Kokoscreme
4 cl Ananassaft
Crushed Ice
1 Ananasstück
mit Schale, zum
Dekorieren

>1 Die ersten drei Zutaten mit dem Eis in einen Mixer füllen.

>2 Einige Sekunden zu einem schaumigen Drink mixen.

>3 In ein gekühltes Cocktailglas gießen.

>4 Mit einem Ananasstück dekorieren.

Sofort servieren.

Cranberry Collins

Für 1 Person

Zutaten
gestoßene Eiswürfel
4 cl Wodka
1½ cl Holunder-blütensirup
6 cl Cranberry-Apfel-Nektar
Sodawasser
Limettenscheibe und Limettenschale, zum Dekorieren

>1 4–6 Eiswürfel in einen Shaker füllen.

>2 Wodka, Holunderblütensirup und Cranberry-Apfel-Nektar zufügen und kräftig schütteln.

>3 In ein mit Eiswürfeln gefülltes Collins-Glas abseihen.

>4 Mit Sodawasser auffüllen. Dann mit der Limettenscheibe und der Limettenschale dekorieren.

Sofort servieren.

Flying Grasshopper

Für 1 Person

Zutaten
4–6 gestoßene Eiswürfel
2 cl Wodka
2 cl grüner Crème de Menthe
2 cl weißer Crème de Menthe
frische Minze, zum Dekorieren

>1 Die Eiswürfel in ein Rührglass füllen.

>2 Wodka, grünen und weißen Crème de Menthe hinzufügen.

>3 Alles gut vermischen.

>4 In ein Cocktailglas abseihen und mit frischer Minze dekorieren.

Sofort servieren.

Wodka Espresso

Für 1 Person

Zutaten
4–6 gestoßene Eiswürfel
4 cl frisch gebrühter Espresso, gekühlt
2 cl Wodka
2 TL Feinstzucker
2 cl Amarula

>1 Das Eis in einen Shaker füllen.

>2 Kaffee und Wodka über das Eis geben, den Zucker zufügen und alles kräftig schütteln.

>3 In ein Cocktailglas abseihen.

>4 Den Amarula vorsichtig darübergießen.

Sofort servieren.

Belle Collins

Für 1 Person

Zutaten

2 frische Minzezweige, plus einige mehr zum Dekorieren
4 cl Gin
2 cl Zitronensaft
1 TL Zuckersirup
4–6 gestoßene Eiswürfel
Mineralwasser

>1 2 Minzezweige zerdrücken.

>2 Die Minze in einen großen, gekühlten Tumbler legen. Gin, Zitronensaft und Zuckersirup darübergießen.

>3 Die gestoßenen Eiswürfel hinzufügen.

>4 Mit Mineralwasser auffüllen, kurz umrühren und mit frischer Minze dekorieren.

Sofort servieren.

Teardrop

Für 1 Person

Zutaten
2 cl Gin
4 cl Aprikosen- oder Pfirsichnektar
2 cl Sahne
Crushed Ice
1 cl Erdbeersirup
1 frische Erdbeere und Pfirsichscheiben, zum Dekorieren

>1 Gin, Nektar und Sahne in einen Mixer füllen.

>2 5–10 Sekunden verarbeiten, bis der Cocktail dick und schaumig ist.

>3 In ein mit Crushed Ice gefülltes langes Glas gießen.

>4 Den Erdbeersirup darüberträufeln. Mit der Erdbeere und den Pfirsichscheiben dekorieren.

Sofort servieren.

Bleu Bleu Bleu

Für 1 Person

Zutaten
Crushed Ice
2 cl Gin
2 cl Wodka
2 cl Tequila
2 cl frisch gepresster Zitronensaft
2 Spritzer Eiweiß
2 cl Blue Curaçao
Sodawasser
Zitronenscheibe, zum Dekorieren

>1 4–6 Eiswürfel in einen Shaker füllen.

>2 Gin, Wodka, Tequila, Zitronensaft und Eiweiß hinzufügen.

>3 Den Curaçao zugeben und kräftig schütteln.

>4 In ein mit Crushed Ice gefülltes Glas abseihen und mit Sodawasser auffüllen. Mit der Zitronenscheibe dekorieren.

Sofort servieren.

Gin Rickey

Für 1 Person

Zutaten
gestoßene Eiswürfel
4 cl Dry Gin
2 cl Limettensaft
Sodawasser
1 Zitronenscheibe, zum Dekorieren

>1 Das Eis in ein gekühltes Highball-Glas geben.

>2 Gin und Limettensaft darübergießen.

>3 Mit Sodawasser auffüllen.

>4 Langsam umrühren und mit der Zitronenscheibe dekorieren.

Sofort servieren.

Blue Blooded

Für 1 Person

Zutaten
2 cl Gin
2 cl Maracujasaft
oder -nektar
4 Melonen- oder
Mangowürfel
gestoßene Eiswürfel
1–2 TL Blue
Curaçao

>1 Gin, Maracujasaft, Melonenwürfel und 4–6 Eiswürfel in einen Mixer füllen.

>2 Glatt pürieren.

>3 Den Coktail in ein großes, gekühltes und mit Crushed Ice gefülltes Glas gießen.

>4 Mit dem Curaçao auffüllen.

Sofort servieren.

Daisy

Für 1 Person

Zutaten
4–6 gestoßene Eiswürfel
6 cl Gin
2 cl Zitronensaft
1 EL Grenadine
1 TL Zuckersirup
Sodawasser
1 Orangenscheibe, zum Dekorieren

>1 Das Eis in einen Shaker füllen.

>2 Gin, Zitronensaft, Grenadine und Zuckersirup darübergeben und alles kräftig schütteln.

>3 Den Cocktail in ein gekühltes Glas abseihen.

>4 Mit Sodawasser auffüllen, vorsichtig umrühren und mit der Orangenscheibe dekorieren.

Sofort servieren.

Pink Pussycat

Für 1 Person

Zutaten
gestoßene Eiswürfel
1 Spritzer Grenadine
4 cl Gin
Ananassaft
1 Ananasstück, zum
Dekorieren

>1 Einen gekühlten Tumbler zur Hälfte mit gestoßenen Eiswürfeln füllen.

>2 Etwas Grenadine darüberspritzen.

>3 Den Gin darübergießen.

>4 Mit Ananassaft auffüllen und mit einem Stück Ananas dekorieren.

Sofort servieren.

Bloodhound

Für 1 Person

Zutaten
4 cl Gin
2 cl süßer Wermut
2 cl trockener Wermut
3 Erdbeeren, plus eine mehr zum Dekorieren
4–6 gestoßene Eiswürfel

>1 Die ersten vier Zutaten in einen Mixer füllen.

>2 Die Eiswürfel hinzugeben.

>3 Alles zu einem glatten Drink verarbeiten.

>4 In ein gekühltes Cocktailglas abseihen und mit einer Erdbeere dekorieren.

Sofort servieren.

Dirty Martini

Für 1 Person

Zutaten
4–6 gestoßene Eiswürfel
6 cl Gin
2 cl trockener Wermut
1 cl Olivenlake
1 Cocktailolive, zum Dekorieren

>1 Das Eis in einen Shaker füllen.

>2 Gin, Wermut und Olivenlake darübergeben.

>3 Alles kräftig schütteln.

>4 In ein gekühltes Cocktailglas abgießen und mit der Olive dekorieren.

Sofort servieren.

Dry Martini

Für 1 Person

Zutaten

4–6 gestoßene Eiswürfel
2 cl London Dry Gin
1 Spritzer trockener Wermut
1 Cocktailolive, zum Dekorieren

>1 Das Eis in einen Shaker füllen.

>2 Gin und Wermut darübergeben.

>3 Alles kräftig schütteln.

>4 In ein gekühltes Cocktailglas abgießen und mit der Olive dekorieren.

Sofort servieren.

Alexander

Für 1 Person

Zutaten
4–6 gestoßene Eiswürfel
2 cl Gin
2 cl Crème de Cacao
2 cl Sahne
frisch geriebene Muskatnuss, zum Dekorieren

>1 Das Eis in einen Shaker füllen.

>2 Gin, Crème de Cacao und Sahne zugeben. Alles kräftig schütteln.

>3 In ein gekühltes Cocktailglas abseihen.

>4 Mit geriebener Muskatnuss bestreuen.

Sofort servieren.

Cocktails mit Whisky & Rum

Whisky Sour

Für 1 Person

Zutaten

4–6 gestoßene Eiswürfel
4 cl Blended Whisky
2 cl Limettensaft
1 TL Zucker oder Zuckersirup
1 Limettenscheibe und 1 Cocktailkirsche, zum Dekorieren

>1 Das Eis und den Whisky in einen Shaker füllen.

>2 Den Limettensaft darübergeben.

>3 Den Zucker zufügen und alles kräftig schütteln.

>4 In ein Cocktailglas abseihen. Mit der Limettenscheibe und der Kirsche dekorieren.

Sofort servieren.

Mint Julep

Für 1 Person

Zutaten
1 frischer Minzezweig, plus einige mehr zum Dekorieren
1 EL Zuckersirup
gestoßene Eiswürfel
6 cl Bourbon Whisky

>1 Die Blätter vom Minzezweig abzupfen und in ein kleines, gekühltes Glas geben.

>2 Die Minzeblätter zerstoßen und den Zuckersirup dazugeben.

>3 Die Eiswürfel zufügen und alles gut vermischen.

>4 Den Bourbon dazugießen und mit einem Minzezweig dekorieren.

Sofort servieren.

French Kiss

Für 1 Person

Zutaten
4–6 gestoßene Eiswürfel
4 cl Bourbon
2 cl Aprikosenlikör
2 TL Grenadine
1 TL Zitronensaft

>1 Das Eis in einen Shaker füllen.

>2 Die flüssigen Zutaten darübergeben.

>3 Alles kräftig schütteln.

>4 In ein gekühltes Cocktailglas abseihen.

Sofort servieren.

Miami Beach

Für 1 Person

Zutaten
4–6 gestoßene Eiswürfel
4 cl schottischer Whisky
3 cl trockener Wermut
4 cl Grapefruitsaft
Orangenschale, zum Dekorieren

>1 Das Eis in einen Shaker füllen.

>2 Whisky, Wermut und Grapefruitsaft darübergeben.

>3 Alles kräftig schütteln.

>4 In ein gekühltes Cocktailglas abseihen und mit der Orangenschale dekorieren.

Sofort servieren.

Highland Fling

Für 1 Person

Zutaten

4–6 gestoßene Eisürfel
1 Spritzer Angostura
4 cl schottischer Whisky
2 cl süßer Wermut
1 Cocktailolive, zum Dekorieren

>1 Das Eis in ein Rührglas geben.

>2 Angostura darüberspritzen

>3 Whisky und Wermut dazugießen und gut umrühren.

>4 In ein gekühltes Glas abseihen und mit der Olive dekorieren.

Sofort servieren.

Whisky Sling

Für 1 Person

Zutaten
1 TL Zucker
2 cl Zitronensaft
1 TL Wasser
4 cl amerikanischer Blended Whisky
Crushed Ice
1 Orangenscheibe, zum Dekorieren

>1 Den Zucker in ein Rührglas geben.

>2 Zitronensaft und Wasser dazugeben und rühren, bis sich der Zucker aufgelöst hat.

>3 Den Whisky darübergießen und umrühren.

>4 Einen gekühlten Tumbler zur Hälfte mit Eis füllen und den Cocktail darüber abgießen. Mit der Orangenscheibe dekorieren.

Sofort servieren.

Queen of Memphis

Für 1 Person

Zutaten
4–6 gestoßene Eiswürfel
4 cl Bourbon
2 cl Midori
2 cl Pfirsichsaft
1 Spritzer Maraschino
1 Melonenstück, zum Dekorieren

>1 Das Eis in einen Shaker füllen.

>2 Alle flüssigen Zutaten dazugeben und kräftig schütteln.

>3 In ein gekühltes Cocktailglas abseihen.

>4 Mit dem Melonenstück dekorieren.

Sofort servieren.

Whisky Rickey

Für 1 Person

Zutaten
4–6 gestoßene Eiswürfel
4 cl amerikanischer Blended Whisky
2 cl Limettensaft
Sodawasser
1 Limettenscheibe, zum Dekorieren

>1 Das Eis in ein gekühltes Highball-Glas füllen.

>2 Whisky und Limettensaft darübergeben.

>3 Mit Sodawasser auffüllen.

>4 Langsam umrühren und mit der Limettenscheibe dekorieren.

Sofort servieren.

Klondike Cooler

Für 1 Person

Zutaten
½ TL Zucker
2 cl Gingerale
Crushed Ice
4 cl amerikanischer Blended Whisky
Sodawasser, zum Auffüllen
1 Zitronenschalenspirale, zum Dekorieren

>1 Den Zucker in einen gekühlten Tumbler geben und das Gingerale dazugießen. Rühren, bis sich der Zucker aufgelöst hat.

>2 Das Glas mit gestoßenem Eis füllen.

>3 Den Whisky darübergeben.

>4 Mit Sodawasser auffüllen. Vorsichtig umrühren und mit der Zitronenschale dekorieren.

Sofort servieren.

Boston Sour

Für 1 Person

Zutaten
- 4–6 gestoßene Eiswürfel
- 2 cl Zitronensaft
- 4 cl Blended Whisky
- 1 TL Zucker oder Zuckersirup
- 1 Eiweiß
- 1 Zitronenscheibe und 1 Cocktailkirsche, zum Dekorieren

>1 Das Eis in einen Shaker füllen.

>2 Zitronensaft, Whisky und Zucker darübergeben.

>3 Das Eiweiß hinzufügen.

>4 Kräftig schütteln und in ein Cocktailglas abseihen. Mit der Zitronenscheibe und der Cocktailkirsche dekorieren.

Sofort servieren.

Whisky Sangaree

Für 1 Person

Zutaten

4–6 gestoßene Eiswürfel
4 cl Bourbon
1 TL Zuckersirup
Sodawasser, zum Auffüllen
1 EL roter Portwein
frisch geriebene Muskatnuss, zum Dekorieren

>1 Eis in einen gekühlten Tumbler füllen.

>2 Bourbon und Zuckersirup darübergießen.

>3 Mit Sodawasser auffüllen.

>4 Langsam umrühren und roten Portwein darübergießen. Mit Muskatnuss bestreuen.

Sofort servieren.

Shamrock

Für 1 Person

Zutaten

4–6 gestoßene Eiswürfel
2 cl irischer Whisky
2 cl trockener Wermut
3 Spritzer grüner Chartreuse
3 Spritzer Crème de Menthe

>1 Das Eis in ein Rührglas füllen.

>2 Whisky, Wermut und Chartreuse darübergeben.

>3 Alles gut vermischen.

>4 In ein gekühltes Cocktailglas abseihen. Den Crème de Menthe darüberträufeln und verrühren.

Sofort servieren.

Bourbon Milk Punch

Für 1 Person

Zutaten
4–6 gestoßene Eiswürfel
4 cl Bourbon
6 cl Milch
1 Tropfen Vanillearoma
1 TL flüssiger Honig
frisch geriebene Muskatnuss, zum Dekorieren

>1 Das Eis in einen Shaker füllen.

>2 Bourbon, Milch und Vanillearoma darübergeben.

>3 Den Honig zufügen und kräftig schütteln.

>4 In einen gekühlten Tumbler abseihen und mit frisch geriebener Muskatnuss bestreuen.

Sofort servieren.

Cuba Libre

Für 1 Person

Zutaten
Crushed Ice
4 cl weißer Rum
Cola
1 Limettenspalte, zum Dekorieren

>1 Ein Highball-Glas bis zur Hälfte mit Crushed Ice füllen.

>2 Den Rum über das Eis gießen.

>3 Mit Cola auffüllen.

>4 Langsam umrühren und mit der Limettenspalte dekorieren.

Sofort servieren.

Mellow Mule

Für 1 Person

Zutaten

4–6 gestoßene Eiswürfel
4 cl weißer Rum
2 cl brauner Rum
2 cl goldener Rum
2 cl Falernum (karibischer Rumlikör mit Gewürzen)
2 cl Limettensaft
Gingerale
Ananasstücke und Sterningwer, zum Dekorieren

>1 Das Eis in einen Shaker füllen.

>2 Alle flüssigen Zutaten, bis auf das Gingerale, darübergießen und kräftig schütteln.

>3 In ein gekühltes Tumbler-Glas abseihen.

>4 Mit Gingerale auffüllen. Dann mit Ananasstücken und Ingwer dekorieren.

Sofort servieren.

Bajan Sun

Für 1 Person

Zutaten

4–6 gestoßene Eiswürfel
2 cl weißer Rum
2 cl Mandarin Brandy
2 cl frisch gepresster Orangensaft
2 cl Ananassaft
1 Spritzer Grenadine
1 Ananasstück mit Schale und 1 Cocktailkirsche, zum Dekorieren

>1 Das Eis in einen Shaker füllen.

>2 Rum, Brandy, Orangensaft und Ananassaft dazugießen.

>3 Die Grenadine zugeben und alles kräftig schütteln.

>4 In ein großes gekühltes Glas füllen und mit der Ananasscheibe und der Kirsche dekorieren.

Sofort servieren.

Frozen Peach Daiquiri

Für 1 Person

Zutaten

4–6 gestoßene Eiswürfel
½ Pfirsich, geschält und klein gewürfelt
4 cl weißer Rum
2 cl Limettensaft
1 TL Zuckersirup
1 Pfirsichscheibe, zum Dekorieren

>1 Eis und Pfirsichwürfel in einen Mixer geben.

>2 Rum, Limettensaft und Zuckersirup dazugeben und alles zu einem halb gefrorenen Drink verarbeiten.

>3 In ein gekühltes Cocktailglas gießen.

>4 Den Drink mit der Pfirsichscheibe dekorieren.

Sofort servieren.

Cuban special

Für 1 Person

Zutaten
4–6 gestoßene Eiswürfel
4 cl Rum
2 cl Limettensaft,
1 EL Ananassaft
1 TL Triple Sec
Ananasscheiben, zum Dekorieren

>1 Das Eis in einen Shaker füllen.

>2 Alle flüssigen Zutaten darübergießen.

>3 Kräftig schütteln und in ein gekühltes Cocktailglas abgießen.

>4 Mit Ananasscheiben garnieren.

Sofort servieren.

Ocean Breeze

Für 1 Person

Zutaten
4–6 gestoßene Eiswürfel
2 cl weißer Rum
2 cl Amaretto
1 cl Blue Curaçao
1 cl Ananassaft
Sodawasser

>1 Das Eis in einen Shaker füllen.

>2 Alle flüssigen Zutaten außer Sodawasser dazugießen und kräftig schütteln.

>3 In ein großes, gekühltes Glas abgießen.

>4 Mit Sodawasser auffüllen.

Sofort servieren.

Strawberry Colada

Für 1 Person

Zutaten
4–6 fein gestoßene Eiswürfel
6 cl goldener Rum
8 cl Ananassaft
2 cl Kokoscreme
6 Erdbeeren, entstielt
1 Ananasspalte und 1 Erdbeere, zum Dekorieren

>1 Fein gestoßene Eiswürfel in einen Mixer geben.

>2 Rum, Ananassaft und Kokoscreme zufügen.

>3 Die Erdbeeren in den Mixer geben. Glatt mixen.

>4 Den Drink in einen großen, gekühlten Tumbler gießen. Mit Ananasstück und Erdbeere dekorieren.

Sofort servieren.

Plantation Punch

Für 1 Person

Zutaten
4–6 gestoßene Eiswürfel
4 cl brauner Rum
2 cl Southern Comfort
2 cl Zitronensaft
1 TL brauner Zucker
Sodawasser
1 TL roter Portwein

>1 Das Eis in einen Shaker füllen. Rum, Southern Comfort, Zitronensaft und braunen Zucker zugeben.

>2 Kräftig schütteln und in ein großes gekühltes Glas abseihen.

>3 Fast bis zum Rand mit dem Sodawasser auffüllen.

>4 Den Portwein vorsichtig über den Rücken eines Teelöffels hineinlaufen lassen.

Sofort servieren.

Blue Hawaiian

Für 1 Person

Zutaten

4–6 gestoßene Eiswürfel
4 cl Bacardi Rum
1 cl Blue Curaçao
2 cl Ananassaft
1 cl Kokoscreme
1 Ananasscheibe, zum Dekorieren

>1 Das Eis in einen Shaker füllen.

>2 Die flüssigen Zutaten darübergießen.

>3 Kräftig schütteln und in ein großes Weinglas abseihen.

>4 Mit der Ananasscheibe dekorieren.

Sofort servieren.

Josiah's Bay Float

Für 1 Person

Zutaten

- 4–6 gestoßene Eiswürfel
- 4 cl goldener Rum
- 2 cl Galliano
- 4 cl Ananassaft
- 2 cl Limettensaft
- 4 TL Zuckersirup
- 1 ausgehöhlte Ananas, zum Servieren
- Champagner, zum Auffüllen
- Limettenscheiben, Zitronenscheiben und Cocktailkirschen, zum Dekorieren

>1 Das Eis in einen Shaker füllen.

>2 Rum, Galliano, Ananassaft, Limettensaft und Zuckersirup darübergießen. Kräftig schütteln.

>3 In die Ananasschale abseihen und mit Champagner auffüllen.

>4 Langsam umrühren und mit Limettenscheiben, Zitronenscheiben und Cocktailkirschen dekorieren.

Sofort servieren.

Banana Daiquiri

Für 1 Person

Zutaten

4 cl weißer Rum, gekühlt
1 cl Triple Sec
1 cl Limettensaft
1 cl Sahne
1 TL Zuckersirup
¼ Banane, geschält und in Scheiben
1 Limettenscheibe, zum Dekorieren

>1 Alle flüssigen Zutaten in einen Mixer geben.

>2 Die Banane zugeben und alles zu einem glatten Drink verarbeiten.

>3 In ein gekühltes Tumbler-Glas gießen.

>4 Mit der Limettenscheibe dekorieren.

Sofort servieren.

Rum Cooler

Für 1 Person

Zutaten
2–4 gestoßene Eiswürfel
3 cl Rum
3 cl Ananassaft
1 halb reife Banane, geschält und in groben Stücken
Saft von 1 Limette
gestoßenes Eis
1 langer Limettenschalenstreifen, zum Dekorieren

>1 Eiswürfel, Rum, Ananassaft und Banane in einen Mixer geben.

>2 Den Limettensaft zufügen und alles etwa 1 Minute zu einem glatten Drink verarbeiten.

>3 Gestoßenes Eis in ein gekühltes Glas füllen und den Cocktail darüber abseihen.

>4 Mit dem Limettenschalenstreifen dekorieren.

Sofort servieren.

Prickelndes, Liköre & Alkoholfreies

Champagne Cocktail

Für 1 Person

Zutaten
1 Zuckerwürfel
2 Spritzer Angostura
2 cl Brandy
Champagner, gekühlt

>1 Den Zuckerwürfel in ein gekühltes Sektglas geben.

>2 Den Angostura hinzufügen.

>3 Den Brandy dazugießen.

>4 Mit Champagner auffüllen.

Sofort servieren.

Kir Royal

Für 1 Person

Zutaten
1 Spritzer Cassis
1 cl Brandy
Champagner oder Sekt, gekühlt
frische Minze, zum Dekorieren

>1 Den Cassis in ein Sektglas geben.

>2 Den Brandy dazugießen.

>3 Mit Champagner auffüllen.

>4 Mit frischer Minze dekorieren.

Sofort servieren.

Monte Carlo

Für 1 Person

Zutaten
4–6 gestoßene Eiswürfel
1 cl Gin
½ cl Zitronensaft
Champagner oder weißer Schaumwein, gekühlt
½ cl Crème de Menthe
frische Minze, zum Dekorieren

>1 Das Eis in ein Rührglas geben. Gin und Zitronensaft zugießen.

>2 Alles gut vermischen.

>3 In ein gekühltes Sektglas abseihen und mit Champagner auffüllen.

>4 Zum Schluss den Crème de Menthe darüberträufeln und mit der Minze dekorieren.

Sofort servieren.

Flirtini

Für 1 Person

Zutaten
½ Scheibe Ananas, gehackt
1 cl Cointreau, gekühlt
1 cl Wodka, gekühlt
2 cl Ananassaft, gekühlt
Champagner, gekühlt

>1 Die Ananas in ein Rührglas geben.

>2 Die Ananas zerdrücken, dann Cointreau, Wodka und Ananassaft darübergießen. Gut verrühren.

>3 In ein Weinglas abseihen.

>4 Mit Champagner auffüllen.

Sofort servieren.

Peacemaker

Für 4 Personen

Zutaten

25 Erdbeeren, entstielt
½ frische Ananas, geschält und gehackt
1–2 EL Zucker
1 Flasche Sodawasser
1 Flasche trockener weißer Schaumwein
2 cl Maraschino
frische Minze und halbierte Erdbeeren, zum Dekorieren

>1 Früchte und Zucker in eine Bowlenschüssel geben.

>2 Etwas Wasser hinzufügen und alles grob zerdrücken.

>3 Die restlichen Zutaten zugeben und alles gut vermischen.

>4 Mit der Minze und den Erdbeerhälften dekorieren.

Sofort servieren.

Champagne Pick-me-up

Für 1 Person

Zutaten
4–6 gestoßene Eiswürfel
4 cl Brandy
2 cl Orangensaft
2 cl Zitronensaft
1 Spritzer Grenadine
Champagner, gekühlt

>1 Das Eis in eine Shaker füllen.

>2 Brandy, Orangensaft, Zitronensaft und Grenadine dazugießen und alles kräftig schütteln.

>3 In ein Weinglas abseihen.

>4 Mit Champagner auffüllen.

Sofort servieren.

B-52

Für 1 Person

Zutaten
2 cl dunkler Crème de Cacao
2 cl Bailey's Irish Cream
2 cl Grand Marnier

>1 Den Crème de Cacao in ein Shot-Glas gießen.

>2 Mit ruhiger Hand den Bailey's als zweite Schicht darübergießen,

>3 Langsam den Grand Marnier dazugießen.

>4 Das Glas abdecken und auf den Tisch schlagen oder alternativ die einzelnen Schichten intakt lassen.

Sofort servieren.

Tricolour

Für 1 Person

Zutaten

2 cl roter Maraschino, gekühlt
2 cl Crème de Menthe, gekühlt
2 cl Bailey's Irish Cream
frische Minze, zum Dekorieren

>1 Den Maraschino in ein gekühltes Shot-Glas gießen.

>2 Mit ruhiger Hand die Crème de Menthe für eine zweite Schicht daraufgießen.

>3 Schließlich den Bailey´s behutsam darübergießen.

>4 Mit frischer Minze dekorieren.

Sofort servieren.

Rattlesnake

Für 1 Person

Zutaten
2 cl dunkler Crème de Cacao, gekühlt
2 cl Bailey's Irish Cream, gekühlt
2 cl Kahlúa, gekühlt
1 Cocktailkirsche, zum Dekorieren

>1 Den Crème de Cacao in ein Shot-Glas gießen.

>2 Mit ruhiger Hand für eine zweite Schicht den Bailey's daraufgießen.

>3 Dann den Kahlúa für eine dritte Schicht langsam darübergießen.

>4 Mit der Cocktailkirsche dekorieren.

Sofort servieren.

Sangria

Für 6 Personen

Zutaten

Saft von 1 Orange
Saft von 1 Zitrone
2 EL Zucker
gestoßenes Eis
1 Orange, in dünnen Scheiben
1 Zitrone, in dünnen Scheiben
1 Flasche Rotwein, gekühlt
Zitronenlimonade, nach Geschmack

>1 Orangen- und Zitronensaft in einer großen Schüssel oder einem Krug verrühren.

>2 Den Zucker zugeben und rühren. Sobald sich der Zucker aufgelöst hat, 4–6 Eiswürfel zufügen.

>3 Die Orangen- und Zitronenscheiben sowie den Wein hinzufügen. Möglichst 1 Stunde stehen lassen.

>4 Nach Geschmack Limonade und zusätzliches Eis dazugeben.

Sofort servieren.

Brandy Alexander

Für 1 Person

Zutaten
4–6 Eiswürfel
2 cl Brandy
2 cl dunkler Crème de Cacao
2 cl Sahne
geriebene Muskatnuss, zum Dekorieren

>1 Das Eis in einen Shaker füllen.

>2 Die flüssigen Zutaten dazugießen und alles kräftig schütteln.

>3 In ein gekühltes Cocktailglas abseihen.

>4 Mit etwas geriebener Muskatnuss bestreuen.

Sofort servieren.

Ginger Fizz

Für 1 Person

Zutaten
Gingerale
frische Minze
Crushed Ice
einige Himbeeren
und frische Minze,
zum Dekorieren

>1 4 cl Gingerale in einen Mixer füllen.

>2 Einige Minzeblätte zugeben und alles gut durchmischen.

>3 In ein zu zwei Dritteln mit Eis gefülltes gekühltes Highball-Glas abseihen und mit Gingerale auffüllen.

>4 Den Fizz mit den Himbeeren und der Minze dekorieren.

Sofort servieren.

Shirley Temple

Für 1 Person

Zutaten
Crushed Ice
4 cl Zitronensaft
1 cl Grenadine
1 cl Zuckersirup
Gingerale
1 Orangenscheibe, zum Dekorieren

>1 4–6 Eiswürfel in einen Shaker füllen.

>2 Zitronensaft, Grenadine und Zuckersirup zufügen und kräftig schütteln.

>3 Den Drink in ein zur Hälfte mit Crushed Ice gefülltes gekühltes Highball-Glass gießen.

>4 Mit Gingerale auffüllen und mit der Orangenscheibe dekorieren.

Sofort servieren.

Mini Colada

Für 1 Person

Zutaten
Crushed Ice
12 cl Milch
6 cl Kokoscreme
8 cl Ananassaft

Zur Dekoration
Ananaswürfel
Ananasblatt
Cocktailkirsche

>1 4–6 Eiswürfel in einen Shaker füllen.

>2 Milch und Kokoscreme zugeben.

>3 Ananassaft zugießen und alles kräftig schütteln.

>4 Den Drink in ein zur Hälfte mit Crushed Ice gefülltes, gekühltes Highball-Glass gießen und mit Ananaswürfeln, Ananasblatt und Cocktailkirsche dekorieren.

Sofort servieren.

Faux Kir Royal

Für 1 Person

Zutaten
4–6 gestoßene Eiswürfel
3 cl Himbeersirup
gekühlte Apfelschorle, zum Auffüllen

>1 Das Eis in ein Rührglas füllen und den Himbeersirup darübergießen.

>2 Gut umrühren.

>3 In ein gekühltes Weinglas abseihen.

>4 Mit gekühlter Apfelschorle auffüllen und umrühren.

Sofort servieren.

Maidenly Mimosa

Für 2 Personen

Zutaten

120 ml frisch gepresster Orangensaft
100 ml weißer, sprudelnder Traubensaft
1 Orangenscheibe, zum Dekorieren

>1 2 Sektgläser kalt stellen.

>2 Den Orangensaft auf die beiden gekühlten Gläser verteilen.

>3 Mit dem sprudelnden Traubensaft auffüllen.

>4 Mit der Orangenscheibe dekorieren.

Sofort servieren.

Cool Collins

Für 1 Person

Zutaten
6 frische Minzeblätter, plus einige mehr zum Dekorieren
1 TL Zucker
4 cl Zitronensaft
gestoßene Eiswürfel
Mineralwasser
1 Zitronenscheibe, zum Dekorieren

>1 Die Minzeblätter in ein großes gekühltes Glas geben.

>2 Zucker und Zitronensaft hinzufügen.

>3 Die Blätter mit einem Löffel zerdrücken und rühren, bis sich der Zucker auflöst.

>4 Das Glas mit gestoßenen Eiswürfeln füllen und Mineralwasser zugießen. Langsam umrühren und mit frischer Minze und einer Zitronenscheibe dekorieren.

Sofort servieren.

Prohibition Punch

Für 6–8 Personen

Zutaten
900 ml Apfelsaft
350 ml Zitronensaft
125 ml Zuckersirup
gestoßene Eiswürfel
2,25 Liter Gingerale
Orangenscheiben, zum Dekorieren

>1 Den Apfelsaft in einen großen Krug füllen.

>2 Zitronensaft und Zuckersirup zugießen.

>3 Eine Handvoll gestoßener Eiswürfel zufügen.

>4 Gingerale dazugeben, langsam umrühren und in gekühlte Tumbler gießen. Mit Orangenscheiben dekorieren.

Sofort servieren.

Bright Green Cooler

Für 1 Person

Zutaten
Crushed Ice
6 cl Ananassaft
4 cl Limettensaft
2 cl grüner Pfefferminzsirup
Gingerale, zum Auffüllen
1 Gurkenscheibe und 1 Limettenscheibe, zum Dekorieren

>1 4–6 Eiswürfel in einen Shaker füllen.

>2 Ananassaft, Limettensaft und grünen Pfefferminzsirup darübergießen und kräftig schütteln.

>3 Einen gekühlten Tumbler zur Hälfte mit gestoßenen Eiswürfeln füllen und den Cocktail darüber abseihen.

>4 Mit Gingerale auffüllen. Mit einer Gurkenscheibe und einer Limettenscheibe dekorieren.

Sofort servieren.

Virgin Mary

Für 1 Person

Zutaten

4–6 gestoßene Eiswürfel
6 cl Tomatensaft
2 cl Zitronensaft
2 Spritzer Worcestersauce
1 Spritzer Tabasco
1 Msp. Selleriesalz
schwarzer Pfeffer
1 Zitronenspalte und 1 Stück Stangensellerie, zum Dekorieren

>1 Das Eis in einen Shaker füllen und den Tomatensaft darübergießen.

>2 Den Zitronensaft zufügen.

>3 Worcestersauce und Tabasco zugeben. Kräftig schütteln.

>4 Mit Selleriesalz und schwarzem Pfeffer würzen. In ein gekühltes Old-Fashioned-Glas abseihen. Mit Zitronenachtel und Stangensellerie dekorieren.

Sofort servieren.

Mango Lassi

Für 2 Personen

Zutaten
250 ml Milch
150 g Naturjoghurt
1 EL Rosenwasser
3 EL Honig
1 reife Mango, geschält und gewürfelt
4–6 gestoßene Eiswürfel
4–6 essbare Rosenblüten

>1 Joghurt und Milch in eine Küchenmaschine geben und vermischen.

>2 Rosenwasser und Honig zugeben und untermixen.

>3 Mango und Eiswürfel zugeben und glatt mixen.

>4 In gekühlte Gläser gießen und mit den Rosenblütenblättern dekorieren.

Sofort servieren.

Raspberry Lemonade

Für 4 Personen

Zutaten
2 Zitronen
100 g Zucker
100 g frische Himbeeren
2 Tropfen Vanillearoma
Crushed Ice
Sodawasser, geeist
einige Zitronenmelissezweige

>1 Die Schale und die weiße Schicht von den Zitronen abschneiden.

>2 Das Fruchtfleisch würfeln und mit Zucker, Himbeeren, Vanillearoma und 4–6 Eiswürfeln in einen Mixer geben. 2–3 Minuten glatt mixen.

>3 Vier Highball-Gläser zur Hälfte mit Eis füllen und die Limonade darauf verteilen.

>4 Mit Sodawasser auffüllen und mit einigen Zitronenmelissezweigen dekorieren.

Sofort servieren.

Coconut Cream

Für 2 Personen

Zutaten
350 ml Ananassaft
100 ml Kokosmilch
150 g Vanilleeis
150 g Ananas- stücke, tiefge- froren
frische Kokosnuss, gerieben, zum Dekorieren

>1 Ananassaft und Kokosmilch in einen Mixer geben.

>2 Vanilleeis zufügen und alles glatt mixen.

>3 Die Ananasstücke zugeben und erneut glatt mixen.

>4 Den Cocktail auf zwei gekühlte Gläser verteilen und mit der geriebenen Kokosnuss dekorieren.

Sofort servieren.

Heavenly Days

Für 1 Person

Zutaten
gestoßenes Eis
4 cl Haselnusssirup
4 cl Zitronensaft
1 TL Grenadine
Sodawasser, zum Auffüllen

>1 4–6 Eiswürfel in einen Shaker füllen.

>2 Haselnusssirup, Zitronensaft und Grenadine zugießen und kräftig schütteln.

>3 Einen Tumbler zur Hälfte mit gestoßenen Eiswürfeln füllen und den Cocktail darüber abseihen.

>4 Mit Sodawasser auffüllen und langsam umrühren.

Sofort servieren.

Apple Pie Cream

Für 1 Person

Zutaten

4–6 gestoßene Eiswürfel
8 cl Apfelsaft
1 Kugel Vanilleeis
Sodawasser
Zimtzucker, und 1 Apfelscheibe, zum Dekorieren

>1 Eis, Apfelsaft und Vanilleeis in einen Mixer geben.

>2 10–15 Sekunden glatt pürieren und in ein gekühltes Longdrink-Glas gießen.

>3 Mit Sodawasser auffüllen.

>4 Mit etwas Zimtzucker bestreuen und mit einer Apfelscheibe dekorieren.

Sofort servieren.

Register